AF509753

SENTIMENT

DES

JESUITES

TOUCHANT

LE PECHÉ PHILOSOPHIQUE

A PARIS,

Chez la Veuve de SEBASTIEN MABRE-
CRAMOISY, Imprimeur du Roy,
ruë Saint Jacques, aux Cicognes.

M. DC. XC.

AVEC APPROBATION ET PRIVILEGE.

LETTRE
A L'AUTEUR
DU LIBELLE

intitulé

Nouvelle heresie dans la Morale,
dénoncée au Pape & aux Evesques,
aux Princes & aux Magistrats.

Monsieur,

Vous nous avez fait plus de plai-
sir que vous ne pensez, en nous
informant de la These soûtenuë dans
nostre College de Dijon l'an 1686.
& nous ne sçaurions assez vous té-
moigner combien nous vous som-
mes obligez de l'avis charitable qu'il
vous a plu nous donner sur le Peché Philosophique. Nous n'aurions

peur-estre jamais entendu parler de cette affaire, sans le soin que vous avez pris de la déterrer. Ce qui se passe dans une dispute d'école peu célébre, & qui n'a pour témoins qu'un petit nombre d'écoliers, ne fait pas d'ordinaire grand bruit au dehors, & ne se répand gueres dans le monde. Il n'appartient qu'à un zele aussi éclairé, & aussi ardent que le vostre, d'aller rechercher jusques dans un coin de Province & dans le fond d'un College, une héréfie toute nouvelle & qui ne fait que de naistre.

Ce nouveau dogme de Morale ne nous parut pas moins étrange ni moins dangereux qu'à vous : nous en eûmes horreur, dés que nous en eûmes connoissance. Mais nous ne crûmes pas d'abord qu'on deust nous faire l'injustice d'imputer à tout le Corps la faute d'un Particu-culier, & nous jugeasmes à propos de laisser tomber une chose que nous ne pouvions relever sans faire connoistre cette doctrine si horrible, que tous les hommes devroient ignorer.

De plus il falloit du temps pour éclaircir un fait obscur que nous ne pouvions pas croire aveuglément sur vostre parole, & pour démesler l'Auteur de la These qui n'enseignoit plus la Theologie, d'avec les autres Professeurs du mesme College, qui ne tenoient rien de semblable.

Nous nous persuadasmes, d'ailleurs, Monsieur, que vostre Ecrit pourroit bien avoir le destin de la pluspart de ces sortes de libelles, qui demeurent ensevelis dans les tenebres où ils naissent; ou du moins qu'il ne seroit leû que des sçavans qui ont en eux-mesmes des préservatifs contre le poison d'une mauvaise doctrine, & dont les lumieres sont à l'épreuve des raisonnemens captieux & des fausses subtilitez.

Toutes ces raisons nous ont fait garder le silence jusqu'à cette heure. Mais puisque le monde est assez injuste pour faire un crime à toute nos

re Compagnie du Peché Philoſophique de Dijon ; que les gens de
bien s'en ſcandaliſent, & que les libertins en triomphent ; que c'eſt au-
jourd'huy le ſujet des entretiens de
la Ville & de la Cour ; que les fem-
mes meſmes parlent du Peché Philoſophique comme elles faiſoient au-
trefois de la Grace : nous croirions
manquer à ce que nous devons au
prochain & à ce que nous nous devons à nous-meſmes dans les regles
de la charité chrétienne, ſi nous ne
déclarions publiquement quels ſont
nos véritables ſentimens ſur cette
matiére.

Nous vous déclarons donc, Monſieur, & nous déclarons en meſme
temps à toute la Terre, que noſtre
Compagnie ne prend nulle part à
l'héréſie nouvelle dans la Morale, &
qu'Elle a horreur de cette propoſi-
tion, en quoy vous la faites conſiſ-
ter, lors que vous dites : *Il s'eſt toû-
jours commis & ſe commettra juſqu'à
la fin du monde une infinité de crimes contre la pureté, contre l'huma-*

nité, contre la justice & autres ver-
tus, fornications, adulteres, pechez
contre nature, assassinats, vengeances
cruelles, empoisonnemens, faux-té-
moignages, calomnies noires, larcins,
brigandages, qui n'ont esté & ne se-
ront que des Pechez Philosophiques,
qui ne sont point offenses de Dieu, &
ne méritent point la peine éternelle;
parce que ceux qui en sont coupables,
ou ne connoissoient point Dieu, ou ne
pensoient point actuellement à Dieu
en commettant ces pechez.

Encore une fois, Monsieur, les Jesuites protestent à la face de toute l'Eglise, que bien loin de vouloir soutenir, ou mesme excuser une telle doctrine, ils la condamnent, ils la détestent tous sincerement comme une hérésie & une impiété exécrable dans tous ses principes & dans toutes ses consequences.

Ils desavoüent aussi la These prise en elle-mesme & sans rapport aux Ecrits du Professeur de Dijon : & ils ne prétendent nullement défendre ce Professeur, s'il se trouve

A iiij

qu'il ait eû en veûë dans sa Thefe le mauvais fens que vous y donnez, ou qu'il ne l'ait pas pofitivement condamné.

Nous allons plus loin, & nous ajoûtons que s'il y avoit quelque autre de nos Ecrivains qui euft jamais avancé ou approuvé la moindre partie de ces erreurs, nous fommes prefts devant Dieu à le defavoûër, & nous le defavoûons dés à prefent fans nul ménagement & fans nul égard.

Au refte, Monfieur, fi vous voulez eftre convaincu que noftre defaveu eft fincere, preffez la condamnation de la nouvelle héréfie que vous avez dénoncée au Pape & aux Evefques, aux Princes & aux Magiftrats : engagez tous les Prélats du Royaume à en demander ou à en faire eux-mefmes la cenfure : vous verrez quelle fera noftre foumiffion. Nous ne ferons point aprés cela des diftinctions de fens pour fauver le noftre des anathêmes de l'Eglife : nous ferons encore moins des pro-

teſtations pardevant Notaire contre
ce que nous aurons ſigné : noſtre ſi-
gnature ſera pure & ſimple ſans reſ-
triction, ſans équivoque, ſans pro-
cés verbal ; enfin nous vous aſſeû-
rons que vous ſerez content de
noſtre procedé, & qu'au moins une
fois en voſtre vie vous loûërez la
bonne foy des Jeſuites.

Voilà, Monſieur, la diſpoſition
où nous ſommes au regard du Peché Philoſophique. Mais afin que
vous ſoyiez entierement ſatisfait, &
que vous n'ayiez plus rien à nous
reprocher là-deſſus, nous nous en-
gageons ſolennellement à vous faire voir dans un écrit plus ample que
celuy-cy : 1. Qu'au moins avant la
Theſe de Dijon, nul de nos Ecrivains n'a jamais enſeigné cette doctrine ; & qu'au contraire, ils l'ont
expreſſément rejettée s'ils ont eû à
s'expliquer ſur ce ſujet. 2. Que nous
n'admettons aucun principe d'où
elle ſe puiſſe inferer par une légi-
time conſéquence. 3. Que les principes receûs de toute la Compa-

gnie y font directement oppofez.
4. Qu'il n'y a que dans ces principes que vous reprochez aux Jefui-
tes, qu'on puiffe trouver dequoy la
refuter folidement & fans erreur.

Vous voyez, Monfieur, que vos
confeils ne font pas perdus, & que
la docilité ne peut gueres aller plus
loin que nous la portons. Mais vous
voülez bien auffi que pour établir
le commerce de la charité entre vous
& nous, nous vous donnions cha-
ritablement quelques avis fur voftre conduite.

Le premier eft que vous pouviez
vous difpenfer en confcience de
faire éclater une doctrine qui eftoit
enfevelie dans l'oubli depuis trois
ans, & à laquelle nul homme du
monde ne penfoit. N'eftes-vous pas
bien coupable d'avoir appris à toute la France le Peché Philofophique
qui eftoit à peine connu de quelques
écoliers de Dijon; & ne rendrez-
vous pas compte à Dieu des mauvais effets de voftre Libelle? Car
enfin, n'eft-ce pas à vous qu'il faut

s'en prendre, si les impies & les dé-
bauchez se prévalent de l'erreur nouvelle pour pécher avec plus de liberté & d'audace ?

Ne nous dites pas s'il vous plaist,
Monsieur, que vous avez cru ne
devoir rien ménager dans une oc-
casion où tout vous sembloit à crain-
dre. La prudence devoit regler vostre zele : la charité devoit l'adou-
cir. Il suffisoit d'avertir en parti-
culier les Supérieurs Ecclesiastiques
pour empescher le progrés du mal.
Ce n'estoit qu'une étincelle tombée
à terre, qui se seroit éteinte d'elle-
mesme, ou qui n'auroit point eû
de suite pour peu qu'on y eust pris
garde.

Mais dites la verité, Monsieur ;
vous avez mieux aimé mettre le feu
à la Maison du Seigneur sans vous
soucier des conséquences, que de ne
point faire de bruit dans le monde : & comment reparerez-vous un
si grand scandale ?

Le second avis que nous pre-
nons la liberté de vous donner, c'est

que vous avez bien marqué de bonne foy, en faifant dire au Profeffeur
de Dijon ce qu'il ne dit point dans
fes Ecrits, & en diffimulant ce qu'il
y dit en termes formels. Aprés avoir
declaré que vous aviez fes Ecrits entre les mains, ne deviez-vous pas
luy rendre juftice, & ne devez-vous
pas luy faire réparation d'honneur
felon les principes des Cafuiftes
mefme les plus relafchez ? Vous
fçavez fort bien, & on en infor-
mera le public par des témoignages
autentiques, qu'il combat dans fes
écrits ce que vous appellez la nouvelle héréfie. Pourquoy n'en eftes-
vous pas demeuré d'accord? Pourquoy prenez-vous les objections
qu'il fe fait pour des propofitions
qu'il avance & qu'il établit? Pourquoy luy imputez-vous les mauvai-
fes conféquences qu'il rejette? Où
eft, je ne dis pas la candeur & la
fimplicité d'un Chrétien, mais la
probité & la droiture d'un honnefte
homme? Eft-ce ainfi, Monfieur, que
vous fuivez les maximes de l'Evan-

gile & les regles de l'équité na-
turelle ? Est-ce-là donc à quoy se
réduit toute l'austerité de vostre morale ? La mauvaise foy, l'imposture,
la calomnie sont-elles permises, pour-
veû qu'on ne flétrisse que la répu-
tation des Jesuites ?

Le dernier avis que nous som-
mes obligez de vous donner par
charité, c'est que vous combattez
l'héréfie du Peché Philosophique
d'une maniere peu orthodoxe, &
qui ne scandalise pas moins les gens
de bien qu'elle réjoûit les héré-
tiques & les libertins. Car pour
peu qu'on ait de religion, ne doit-
on pas estre scandalisé de vous voir
traiter d'erreur ce que tiennent tous
les vrais Catholiques : Que Dieu ne
fait jamais de commandemens aux
hommes sans leur donner le pou-
voir de les accomplir, & qu'il seroit injuste s'il les punissoit pour des
crimes qu'il leur auroit esté impossi-
ble d'éviter ? En vous déclarant contre cette proposition pour le grand
principe de la doctrine de Calvin &

de Janſenius , qui a eſté condam-
née & proſcritte par tous les tribu-
naux de la terre, vous vous élevez
tout de nouveau contre les Puiſſances Eccleſiaſtiques , & contre les
Puiſſances Seculieres auſquelles vous
dénoncez la nouvelle héréſie du
Peché Philoſophique , & vous taſ-
chez en meſme temps d'en réta-
blir une qui n'eſt pas moins perni-
cieuſe à la Religion & aux bonnes
mœurs.

Le Public attend de vous là-
deſſus une retractation dans les for-
mes , un deſaveu ſincere , ſans reſ-
triction & ſans équivoque ; & nous
eſperons que vous profiterez de nos
avis comme nous avons profité des
voſtres. Car pour vous citer Saint
Auguſtin à noſtre tour, nous ferions
ſcrupule de croire que vous ne fuſ-
ſiez pas auſſi diſpoſé que nous à re-
cevoir dans les occaſions des aver-
tiſſemens ſalutaires. *Neque enim me-
tuimus ne humilitas eorum reſpuat
admonitionem noſtram ; quando-qui-
dem & nos à talibus , ubi forte titu-*

S. Aug. de
opere Mona-
chorum.

*hamus aut aberramus, cupimus ad-
moueri.*

Nous nous flattons mesme que vous nous sçaurez bon gré du soin que nous avons de vous porter par nos remontrances & par nostre éxemple à édifier les fidelles.

Du reste, Monsieur, vous jugez bien qu'aprés vous avoir rendu avis pour avis, nous ne manquerons pas de vous rendre au pied des autels vœux pour vœux, & que nous prierons Dieu avec tout le zele possible qu'il vous comble de toutes ses graces, sur tout qu'il répande dans vostre cœur l'onction de la charité; qu'il vous remplisse des lumieres de la prudence chrétienne; qu'il vous fasse connoistre combien la mauvaise foy est opposée à la morale de Jesus-Christ, & enfin, qu'il vous donne un esprit docile, humble & soumis aux décisions de l'Eglise.

www.ingramcontent.com/pod-product-compliance
Lightning Source LLC
LaVergne TN
LVHW021609170726
843501LV00010B/3938